ACTIVISTS

PATRICIA THOMA

ACTIVISTS

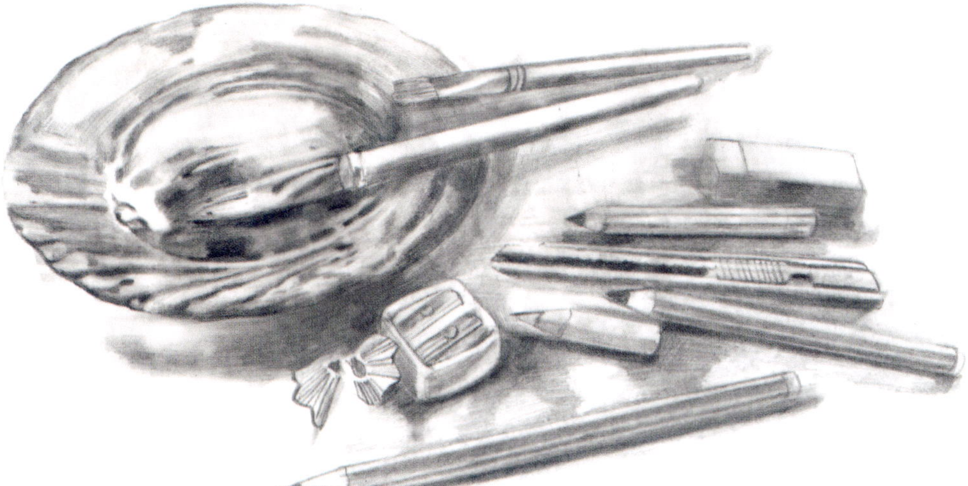

Verlagshaus Jacoby Stuart

VORWORT

Als Kind träumte ich davon, die zu Welt retten.
Nach der Schule wollte ich eine Umweltschutzorganisation gründen, demonstrieren und für meine Überzeugungen kämpfen.

Aber dann kamen die Zweifel. In meiner Klasse brachte ich kein einziges Wort heraus – wie sollte ich da auf einer waghalsigen Expedition das Leben der Eisbären retten? Nicht jede ist schließlich zur Abenteurerin geboren!

Aber bald hatte ich eine Idee: Ich entschied, die Welt mit dem Stift zu retten und das zu meinem Beruf zu machen, was ich sowieso die ganze Zeit am liebsten tat, nämlich zeichnen. Ich wurde also Illustratorin.

Meinen großen Kindheitstraum habe ich dabei jedoch nicht aus den Augen verloren.
Für dieses Buch habe ich mich auf die Suche nach jungen Menschen gemacht, die sich in verschiedenen Bereichen wie Umweltschutz, Gesundheit oder Kultur dafür einsetzen, dass unsere Welt lebenswerter, gerechter und fantasievoller wird.
Ich habe sie befragt und war beeindruckt, wie unermüdlich sie ihren Lebensweg verfolgen, trotz Schwierigkeiten und Rückschlägen.

Ich hoffe, dass euch die in diesem Buch vorgestellten Menschen mit ihrer Arbeit anregen, selbst aktiv zu werden und die Welt mitzugestalten.

Patricia Thoma

JUGEND RETTET e.V.

Weltweit sind fast 80 Millionen Menschen auf der Flucht vor Gewalt, vor den Folgen des Klimawandels oder weil sie aus einem anderen Grund an ihrem Wohnort keine Lebensperspektive mehr sehen. Die einzige Hoffnung besteht für sie darin, sich an einem anderen, sichereren Ort ein neues Leben aufzubauen.

Doch nach Europa zu gelangen ist alles andere als einfach.
Ein Flugticket zu kaufen ist für diese Menschen unmöglich, weil sie kein Visum bekommen.
So machen sie sich auf der Ladefläche eines Pick-ups oder zu Fuß auf den beschwerlichen Weg in eine vermeintlich bessere Zukunft. Doch schon bald haben sie ihr ganzes Geld für diese Reise ausgegeben. So stranden sie in Flüchtlingscamps außerhalb Europas, wo ihnen nichts anderes übrigbleibt, als zu warten. Nur Wenige wagen die teure und lebensgefährliche Überfahrt nach Europa mit einem Boot.

Das sind junge Menschen wie wir, mit Hoffnungen und Wünschen, die zufällig in einem anderen Land geboren sind.
-Fischkutter kaufen
-Aktionen schulen
-Aktionen im Internet

Lena und Jacob hatten gerade die Schule beendet, als sie die schockierenden Nachrichten von geflüchteten Menschen aufschreckte, die im Mittelmeer ertrunken waren. Die europäischen Politiker nahmen offenbar die Toten in Kauf, um weitere Menschen von der Überfahrt abzuhalten. Das wollten die beiden nicht hinnehmen und beschlossen zusammen mit ihren Freunden, etwas zu unternehmen.

Die beiden gründeten mit Freunden den Verein **Jugend Rettet.** In Schulen und im Internet starteten sie Spendenaufrufe. Im Rahmen von Schulprojekten falteten sie Papierboote, um zu zeigen, wie gefährlich die Fahrt über das Mittelmeer sein kann. Mit dem gesammelten Geld kauften sie einen alten Fischkutter für die Rettung von Menschen, die in Seenot geraten waren.

Dann war es endlich so weit. Die Jugendlichen tauften ihr Schiff auf den Namen IUVENTA, was für die Jugend und ihren Mut steht. Und Mut brauchten sie, denn ihre Aktionen auf dem Meer waren anstrengend und gefährlich.
Jugend Rettet hat mit seinen Einsätzen bisher 14 000 Menschenleben gerettet.

Doch nicht alle empfingen die Geflüchteten mit offenen Armen. Weltweit kamen Politiker an die Macht, die gegen diese Menschen Stimmung machten und behaupteten, sie seien gewalttätig und gefährlich. Zäune wurden an den Landesgrenzen errichtet, um Menschen daran zu hindern, nach Europa zu kommen.
Diese Stimmung richtete sich auch gegen **Jugend Rettet**, und ihr Schiff wurde von der italienischen Polizei beschlagnahmt.

IUVENTA
POLIZIA
POLIZIA

GEGEN RASSISMUS
FREEDOM OF MOVEMENT
KEINE GRENZE für Menschen-würde
SEENOT-RETTUNG ist kein Verbrechen!

Doch die Aktivistinnen und Aktivisten von **Jugend Rettet** geben nicht auf. Sie beteiligen sich an Demonstrationen und halten Vorträge an Schulen. Sie setzen sich für das Recht jedes Menschen ein, in einem Land seiner Wahl zu leben, zu studieren und zu arbeiten.

SEBASTIAN URBANSKI UND JULIANA GÖTZE

Sebastian Urbanski und Juliana Götze sind nicht nur im echten Leben, sondern auch auf der Kinoleinwand ein Paar. Im Film **So wie du bist** von Wolfgang Murnberger spielen sie ein Paar mit Downsyndrom. Sie wollen heiraten und Kinder bekommen. Eine große Herausforderung für die Familie.

Ja, ich will!

Doch zurück ins wirkliche Leben:
Nach Julianas Geburt wurde ihre Mutter von Ärzten gewarnt, dass das Leben mit einem behinderten Kind sehr anstrengend sein würde. Aber sie täuschten sich: Juliana war und ist ein echter Sonnenschein.

Sebastians Eltern wurde sogar geraten, ihn in ein Heim zu geben. Er aber brachte sie mit seinen Theatervorführungen zum Lachen.

Im Theater **Ramba Zamba**, in welchem behinderte und nicht behinderte Menschen zusammen spielen, haben sich Sebastian und Juliana kennengelernt.

Heute treten sie mit ihrem Team in ganz Europa auf und begeistern ihr Publikum.

Sebastian setzt sich auch für die Rechte von Behinderten ein. In seiner Autobiografie **Am liebsten bin ich Hamlet** möchte er Eltern ermutigen, sich für ein Kind mit Behinderung zu entscheiden.

2017 sprach er im Deutschen Bundestag. Er gedachte all jener, die wegen einer Behinderung von den Nationalsozialisten ermordet worden sind.

Auch mit Jugendlichen möchte Sebastian über das Thema Behinderung sprechen. Im Projekt **Theaterüberfall** schlüpft er in die Rolle eines Lehrers, der die ahnungslose Klasse unterrichten soll. So fragt er diese, warum es in Deutschland keine Lehrenden mit einer geistigen Behinderung gibt.

Was bei uns nach einem sehr ehrgeizigen Projekt klingt, macht in anderen Ländern schon längst Schule. Dort studieren Menschen mit einer geistigen Behinderung und arbeiten zum Beispiel als Lehrende.

Neben seiner Schauspielkarriere macht sich Sebastian auch im Bundesvorstand des Vereins **Lebenshilfe** für die Rechte von Behinderten stark.

YOUNES AL-AMAYRA UND DIE DATTELTÄTER

Younes wuchs in Berlin als Kind palästinensisch-syrischer Eltern auf. Er war begeisterter Fußballspieler. Als Klassen- und Schulsprecher versuchte er, zwischen verschiedenen Cliquen zu vermitteln, und setzte sich für Kinder ein, die ausgeschlossen oder gemobbt wurden.

Younes' unbefangener Blick auf seine Mitmenschen veränderte sich schlagartig, als Islamisten am 11. September 2001 einen Terroranschlag auf das World Trade Center in New York verübten. Plötzlich musste er sich als Muslim rechtfertigen. Younes begann, sich mit dem Islam, der in seinem Elternhaus keine große Rolle gespielt hatte, zu beschäftigen. Er studierte Islamwissenschaften und arbeitete mit radikalisierten Muslimen. Den YouTube-Kanal **Die Datteltäter** gründete er gemeinsam mit Marcel Sonneck und Fiete Aleksander. Mittlerweile sind auch Gülcan Cetin und Esra Karakaya ein Teil des Teams.

Ich erhebe meine Stimme ...

Auch im **Festival i,Slam Poetry**, das Younes gemeinsam mit dem Slammer Youssef Adlah gegründet hat, erheben muslimische Jugendliche die Stimme und präsentieren dem begeisterten Publikum ihre Gedichte.

Das Vortragen von Texten hat im Islam eine lange Tradition. Schon im 14. Jahrhundert rezitierte der berühmte Dichter Hafez den gesamten Koran auswendig.

Der Koran wurde laut Überlieferung von einem Engel dem Propheten Mohammed überbracht. Dieser war für seinen Wortwitz bekannt. Und Humor ist bekanntlich die beste Medizin gegen Hass und Gewalt. So wehren sich auch die **Datteltäter** mit diesem Mittel gegen eine islamfeindliche Stimmung in der Gesellschaft.

Im Video **Magic Ramadan 2016 – Der fliegende Teppich** fliegt Younes wie in einem Märchen aus **1001 Nacht** auf einem Teppich. Doch diese Geschichte spielt nicht im Orient, sondern mitten in Berlin. Und hier verschenkt er Datteln, wie sie traditionell am Ende eines Fastentages während des Ramadan gegessen werden.

Die **Datteltäter** treten in ihren Videos selbst auf, führen Regie und stellen ihre mutigen Filme anschließend ins Internet. Immer wieder stellen die **Datteltäter** fest, dass ihre Mitmenschen Bilder vom Islam im Kopf haben, die mit der Wirklichkeit kaum übereinstimmen. Um diese Märchen zu widerlegen, drehten sie das Video **Vorurteile Muslim Edition**, in dem sie viele Klischees humorvoll thematisieren.

Vorurteile Muslim Edition
Wie, Uni? Kann man als Hausfrau studieren?
Und in welchem Dönerladen arbeitest du?

Mit ihrem Humor bauen die **Datteltäter** immer wieder Brücken zwischen Religionen und Kulturen, wie im Film **Muslim Slang**. Religiöse Ausdrücke gehören für viele Menschen muslimischen Glaubens zur Alltagssprache. Der oft verwendete Satz „Allahu akbar" zum Beispiel, bedeutet „Gott ist groß!" und wird nicht nur während des Gebetes verwendet, sondern auch, um Erstaunen oder Begeisterung auszudrücken.

Dieser Satz wird aber auch von Terroristen missbraucht. Sie rechtfertigen ihre Gewalttaten mit ihrer Religion, obwohl das Wort Islam auch „Friede" bedeutet. Younes sucht das Gespräch mit diesen radikalisierten Muslimen, die er in Gefängnissen besucht.

ARDA UND DIE STUDENTISCHE POLIKLINIK

Deutschland ist eines der reichsten Länder der Welt. Laut Grundgesetz (Art. 2, Abs. 2) hat hier jeder Mensch das Recht auf Leben und körperliche Unversehrtheit, also auch auf medizinische Versorgung. Eigentlich müssten in Deutschland alle Menschen krankenversichert sein und eine Gesundheitskarte besitzen.

In der Realität bleibt einigen die medizinische Versorgung jedoch aus ganz unterschiedlichen Gründen verwehrt.

Gegen diesen Missstand engagiert sich ärztliches Fachpersonal, stellvertretend für die Betroffenen.

Menschen, die in der Politik tätig sind, versprechen immer wieder, dass sie gegen diese Notlage etwas unternehmen wollen. Doch bisher hat sich wenig getan. Die Ärztin Tiarks-Jungk wollte das nicht länger hinnehmen und gründete mit Gleichgesinnten eine besondere Klinik.

Hier können sich Menschen ohne Krankenversicherung kostenlos und anonym behandeln lassen. Diese Klinik heißt **StuPoli**; das ist die Abkürzung von **Studentische Poliklinik**, denn Studierende der Medizin wie Arda arbeiten hier ehrenamtlich.

Arda hatte schon als Jugendliche den Wunsch, Medizin zu studieren. Der Weg dahin war nicht immer einfach. Doch Arda hatte einen starken Willen, ganz wie ihr Vater.

Ihr Vater wurde in der Türkei geboren, kam als Jugendlicher nach Deutschland und pflegte stets zu sagen: „Wenn du hier etwas erreichen willst, musst du dich mehr anstrengen als andere." Arda ist in Deutschland geboren und hat einen deutschen Pass. Was meinte ihr Vater wohl mit diesem Ausspruch?

Arda lernte oft bis spät in die Nacht und erreichte ihr Ziel: Sie bestand das Abitur und begann ein Medizinstudium.
Als sie dann von der Studentischen Poliklinik hörte, war ihr schnell klar: Sie wollte Menschen helfen, die keine kostenlose ärztliche Behandlung erhalten.

Das tut nicht weh, oder?

Um sicherzustellen, dass alles in Ordnung ist, müssen wir dir Blut abnehmen.

Auch Obdachlose kommen zu Arda. Neben der medizinischen Behandlung werden sie auch seelisch unterstützt.

Arda liebt diese Arbeit, ihr Ziel ist jedoch, dass es diese besondere Klinik bald nicht mehr gibt. Denn alle Menschen sollen krankenversichert sein und zu einem Arzt ihrer Wahl gehen können.

CHRISTINE WOLF UND BEZGRANIZ COUTURE

Christine Wolf arbeitet als Modedesignerin in Berlin.
Fast alle Menschen ziehen sich so an, dass sie sich wohlfühlen und gut aussehen. Doch für Christine sind Kleider mehr als bloß schicke Klamotten – sie können die Welt verändern. Christine entwirft edle Mode für Rollstuhlfahrerinnen und blinde Menschen, die damit bewundernde und sogar neidische Blicke auf sich ziehen. So steht nicht die Behinderung, sondern die Individualität der Frauen und Männer im Rampenlicht.

Und jetzt bekommst
du ein neues Kleid.

Schon als Kind gab es für Christine nichts Schöneres, als aus Garn, Pappe und Farbe immer neue Kleider für ihre Puppen zu entwerfen. Dabei konnte sie schon mal die Zeit vergessen.

Christine verwirklichte ihren Kindheitstraum und studierte Modedesign.

Für das russische Modeprojekt **Bezgraniz Couture**, was übersetzt „Mode ohne Grenzen" bedeutet, entwarf sie eine Kollektion für Rollstuhlfahrerinnen. Das war gar nicht so einfach, denn Menschen im Rollstuhl benötigen spezielle Schnitte.

Janina Urussowa, die Mitgründerin des Projektes, möchte den Blick auf behinderte Menschen verändern. Wie kann Mode das Besondere einer Person hervorheben und dabei die Behinderung als etwas ganz Normales und Alltägliches erscheinen lassen?

Auf dem Ärmel kannst du alle wichtigen Infos zum Kleid ertasten.

Janina Urussowa war es auch, die Christine auf die Idee brachte, eine Kollektion für blinde Menschen zu entwerfen. Sie können weder die Farbe ihrer Kleidung sehen noch das Etikett lesen, auf dem die Waschtemperatur für die Kleidungsstücke angegeben ist. Christine nähte also kleine Perlen in Brailleschrift auf die Textilien. So konnten die Trägerinnen Informationen zur Farbe, zum Material und zu Kombinationsmöglichkeiten mit anderen Kleidern ertasten. Dabei verwendet Christine Stoffe, die nicht nur gut aussehen, sondern mit allen Sinnen wahrgenommen werden können.

Auch Jugendliche möchte Christine für Mode begeistern. In Harare, der Hauptstadt Simbabwes, unterstützte sie zum Beispiel junge Erwachsene dabei, eine eigene Kollektion zu entwerfen.

In den Kreationen wurden traditionelle Stoffe mit modernen Schnitten kombiniert.

SOOKEE

Die Rapmusikerin Sookee erhebt ihre Stimme für die gleichen Rechte aller Menschen, unabhängig von Hautfarbe, Religion oder Geschlecht. Hip-Hop und auch Rap sind in den Ghettos von New York entstanden. Hier lebten viele Menschen, deren Vorfahren versklavt und nach Amerika verschleppt worden waren.

Mit ihren Songs sangen die Hip-Hopper gegen die Ungerechtigkeiten in der Gesellschaft an. Ihre Botschaften hinterließen sie als Graffiti-Schriftzüge an Häuserwänden und auf U-Bahn-Zügen. Das faszinierte auch Sookee. Von den Graffiti kam sie zum Rap, und aus dem Hobby wurde ihr Beruf.

Schon immer haben sich Erwachsene über Jugendliche beklagt und dabei ihre eigene Geschichte vergessen. Nicht so Sookee.

Im Song **Die Freundin von** erinnert sie sich an ihr eigenes Erwachsenwerden. Eine Zeit der Unsicherheit und des Suchens nach sich selbst.

Hier singt sie ganz offen über den Wunsch, zu einer coolen Clique zu gehören, um sich von den Uncoolen abzugrenzen.

Ich fand mich selber nicht cool, das war kein Zufall.

Sookee singt davon, worüber andere ängstlich schweigen:

Im Song **Hüpfburg** stellt sie sich vor, wie es wäre, ein Kind von rechtsextremen Eltern zu sein, die alle Menschen ablehnen, die anders sind als sie selbst. Sookee beobachtete, dass solche Eltern mit quietschbunten Hüpfburgen auf fröhlichen Festen die Kinder für ihre Ansichten begeistern wollen. Doch der farbenfrohe Schein trügt: Im Video zu Sookees Song lauscht ein Junge dem hasserfüllten Gerede der Erwachsenen, die sagen, dass alle „Ausländer" Deutschland verlassen sollen. Aber wer ist eigentlich ein Ausländer?

Noch am Abend fragt er sich, ob sein Freund Yüksel vielleicht ein Ausländer ist.

Yüksels Großeltern kamen nach ihrer Ausbildung nach Deutschland, um zu arbeiten, und haben hier eine neue Heimat gefunden.

Auch heute verlassen Menschen auf der Suche nach besseren Lebensbedingungen ihr Zuhause. Viele fliehen vor Krieg, Gewalt und Hunger. Sie steigen in Boote, um über das Mittelmeer nach Europa zu gelangen. In ihrem Song Q1 kritisiert Sookee Europas Regierungen, die an ihren Landesgrenzen Zäune bauen und tatenlos zusehen, wie diese Menschen auf ihrer gefährlichen Flucht sterben.

ONE
BILLION
RISING
BE

Neben ihrer Musik beteiligt sich Sookee auch an politischen Aktionen. In **One Billion Rising** (Eine Milliarde erhebt sich) setzt sie sich gemeinsam mit vielen anderen für ein Ende der Gewalt gegen Frauen und Mädchen ein.

Dieses Thema ist wichtig, denn weltweit wird eine von drei Frauen im Laufe ihres Lebens Opfer von Gewalt, vor allem in Kriegsgebieten. Das sind eine Milliarde Frauen.

Sookees Engagement hat ein großes Ziel: Vorurteile abzubauen. Die entstehen schon in der frühen Kindheit. Deshalb besucht sie Schulklassen, um sich mit Kindern und Jugendlichen auszutauschen. Lassen sich Gefühle wie Angst, Aggression und Hass überwinden und in Musik ausdrücken?

Gleichgeschlechtliche Beziehungen beispielsweise betrachten viele Menschen mit Misstrauen. In ihrem Song **Queere Tiere** singt Sookee über das vielfältige Liebesleben der Tiere. So leben zwei Pinguinmännchen oft ein ganzes Leben zusammen, und Schnecken haben sowohl männliche als auch weibliche Geschlechtsorgane.

OFF ROAD KIDS STIFTUNG

Sunshine lebt wie viele andere Kinder und Jugendliche auf der Straße. Ihr Zuhause, in dem sie vernachlässigt und misshandelt wurde, hat sie verlassen. Endlich möchte sie frei über ihr Leben bestimmen.
Doch auf der Straße, wo sie und ihre Freunde nun leben, sind sie von der Geberlaune der Vorübereilenden abhängig. Bald merkt Sunshine, dass ihre Gedanken nur noch ums Essen und einen sicheren Schlafplatz kreisen.
Ist das die Freiheit, von der ich geträumt habe?, denkt sie.

Make your
dreams
come true...

Sunny, Mama sagt, du kannst hier nicht ewig bleiben. Und deine Hündin ist ja schwanger!

Nachdem Sunshine ihre Eltern verlassen hatte, übernachtete sie mit ihrer Hündin bei Bekannten. Sie schlief jede Nacht auf einem anderen Sofa und wusste nicht, wo sie den nächsten Abend verbringen würde.
Jugendliche wie Sunshine nennt man deshalb auch „Sofahopper".

Sunshine und ihre Freunde halten fest zusammen. Sie kümmern sich liebevoll um ihre Hunde, die ihnen ein Gefühl von Geborgenheit geben und sie ihre komplizierte Situation für kurze Zeit vergessen lassen. Aber eigentlich sehnen sich nach einem Zuhause und einer echten Familie.

Ich werde jetzt gut für dich sorgen!

Der Journalist Markus Seidel wollte nicht hinnehmen, dass in Deutschland so viele Jugendliche auf der Straße leben. Er gründete die Hilfsorganisation Off Road Kids, in der auch die Streetworkerin Dvora arbeitet.

Schon als Jugendliche wehrte sich Dvora gegen Ungerechtigkeiten. Als Klassensprecherin legte sie sich immer wieder mit ihrer Klassenlehrerin und dem Schulleiter an.

Heute begleitet sie bei **Off Road Kids** Jugendliche wie Sunshine bei der Suche nach einem Weg aus ihrer Krise. Ziel ist es, das Selbstbewusstsein der Jugendlichen zu stärken und mit ihnen eine Lebensperspektive zu erarbeiten.

Mit Dvoras Hilfe konnte Sunshine ihren Traum verwirklichen.

Dvora wünscht sich, dass sie mit der Stiftung **Off Road Kids** noch viele Kinder und Jugendliche auf ihrem Lebensweg unterstützen kann.

RAUL KRAUTHAUSEN

Raul setzt sich für die Rechte von Menschen mit Behinderung ein.

Nach seinem Studium der Wirtschaftskommunikation arbeitete er beim Radio. In seiner Talkshow **Krauthausen – face to face** stellt Raul Kreative vor. Rauls Buch **Dachdecker wollte ich eh nicht werden. Mein Leben aus der Rollstuhlperspektive** soll Menschen mit und ohne Behinderung dazu ermutigen, sich selbst zu verwirklichen.

Barriere
Freiheit

Raul wurde in Lima geboren, der Hauptstadt Perus.

Seine Eltern waren noch jung und wollten die Welt erkunden. Da musste Raul natürlich mit. Deshalb unterstützten sie ihren Sohn dabei, so schnell wie möglich in seinem Rollstuhl selbstständig zu werden. Später überholte er die anderen Kinder oft auf dem Weg zur Schule.

Im Unterricht hatte Raul jedoch statt der Mathelösungen die Stimmen seiner geliebten Radiomoderatoren und -moderatorinnen im Kopf.

Als Raul älter wurde, bemerkte er immer öfter, dass ihn Leute auf dem Schulweg anstarrten.

Klar, toll fand er das nicht, doch er dachte sich: Die haben so einen schnellen Rollstuhl einfach noch nie gesehen!

Wovon Raul in der Schule geträumt hatte, wurde Wirklichkeit: Er begann ein Praktikum beim Radio. Früher hatte er zugehört, nun saß er selbst hinter dem Mikrofon und lernte seinen Traumberuf kennen.

Nach seinem Schulabschluss moderierte er dann selbst jene humorvollen und bissigen Sendungen, die ihn als Jugendlichen so sehr begeistert hatten.

Hey, ihr da draußen:
Wir haben heute einen ganz
besonderen Gast ...

Raul wohnt in einer WG.
Da er sich sehr für Technik interessiert, hat er sich ein „Smart Home" eingerichtet. Hier kann er per Spracheingabe über sein Smartphone die Wohnungstür öffnen, den Fernseher einschalten oder die Heizung regeln.

Doch Raul moderiert nicht nur. Er hält Vorträge an Schulen und Universitäten und liest aus seinem Buch. Raul ermutigt junge Menschen, ihren Horizont zu erweitern und Barrieren zu überwinden, wenn es um das Thema Behinderung geht.

In seiner Talkshow **Krauthausen-face to face** stellt Raul behinderte und nicht behinderte Kunstschaffende vor, die mit ihrer Arbeit gesellschaftliche Grenzen überwinden.

Über Barrieren in der Stadt, wie Treppenstufen oder Bordsteinkanten, die er mit seinem Rollstuhl nicht überwinden kann, ärgert sich Raul immer wieder. Doch anstatt aufzugeben, hat er eine Karte fürs Internet entwickelt, auf der alle barrierefreien Orte angezeigt sind.

FELIX FINKBEINER UND PLANT-FOR-THE-PLANET

Weltweit demonstrieren Kinder und Jugendliche für mehr Klimaschutz. Sie wollen nicht länger hinnehmen, dass Menschen in der Politik so wenig gegen die globale Erwärmung tun. Die jungen Menschen sehen dadurch ihre Zukunft bedroht. Fahrzeuge, Fabriken und Nutztiere produzieren Treibhausgase wie Kohlendioxid (CO_2). Wie das Glasdach eines Treibhauses sorgen sie in der

Atmosphäre dafür, dass weniger Sonnenwärme von der Erde wieder ins All zurückgeschickt wird. So erhitzt sich die Erdatmosphäre. Extreme Wetterereignisse wie Überschwemmungen, Trockenheit und Unwetter sind die Folge. Menschen müssen ihre Heimat verlassen, weil ihre Ernten zerstört worden sind oder nicht mehr genügend Wasser da ist.

Felix beschäftigte sich schon als Schüler mit dem Thema Klimaschutz. In der vierten Klasse ließ er sich bei der Vorbereitung eines Referates von Wangari Maathai inspirieren.

Die Friedensnobelpreisträgerin hatte in Kenia Millionen von Bäumen pflanzen lassen. Damit wollte sie verhindern, dass fruchtbare Erde verlorengeht, zum Beispiel durch starke Regenfälle. Zugleich sollte dadurch auch die Luftqualität verbessert und das Treibhausgas verringert werden, denn Bäume nehmen das klimaschädliche Kohlendioxid auf.

Für Felix und seine Klassenkameraden war klar: Auch sie wollten eine Million Bäume pflanzen. Damit ließe sich der Klimawandel zwar nicht verhindern, aber verlangsamen. Schon bald begeisterte Felix nicht nur seine Klasse für diese Idee, sondern Kinder weltweit. Und so rief er mit Freunden **Plant-for-the-Planet** ins Leben, auf den Spuren von Maathais Baumpflanzaktion.

Millionen-
fach!

Einmal im Jahr treffen sich Menschen, die weltweit in der Politik tätig sind, um Lösungen für die Klimakrise zu finden. Schon 1997 vereinbarten die für den Klimawandel verantwortlichen Länder im sogenannten Kyoto-Protokoll, ihre Treibhausgase zu reduzieren - mit geringem Erfolg.

Felix war wütend, weil diesen Leuten die Zukunft der Kinder scheinbar gleichgültig war. Um die Verantwortlichen wachzurütteln, hielt er mit anderen Kindern eine Rede vor den Vereinten Nationen in New York.

Mit seiner Rede sprach Felix vor allem Menschen aus dem globalen Süden, also den Ländern in Afrika, Südamerika und Asien, aus dem Herzen. Sie sind oft am stärksten vom Klimawandel und dessen Folgen betroffen.

Doch Felix' Engagement geht weiter: Mit anderen Jugendlichen organisiert er Akademien. Dabei pflanzen Kinder Bäume und werden zu Botschaftern für Klimagerechtigkeit ausgebildet. Ihr Einsatz soll allen Menschen Mut machen, sich für Klimaschutz und damit für unsere Zukunft einzusetzen.

Danksagung

An dieser Stelle möchte ich mich bei allen Menschen bedanken, die durch ihr Engagement das Gelingen dieses Buches erst möglich gemacht haben!

Insbesondere den Menschenrechtsaktivist*innen für die spannenden Gespräche!

Der Berliner Landeszentrale für politische Bildung für den produktiven Austausch und die finanzielle Unterstützung!

David Lode für den mentalen und lektoralen Einsatz!

Nicola Stuart und Edmund Jacoby für die wunderbare Zusammenarbeit!

Ein verlagsneues Buch kostet in ganz Deutschland und Österreich jeweils dasselbe. Das liegt an der gesetzlichen Buchpreisbindung, die dafür sorgt, dass die kulturelle Vielfalt erhalten und für die Leser bezahlbar bleibt. Also: Egal ob im Internet, in der Großbuchhandlung, beim lokalen Buchhändler, im Dorf oder in der Stadt – überall bekommen Sie Ihre verlagsneuen Bücher zum selben Preis.

Klimaneutral
Druckprodukt
ClimatePartner.com/13916-1911-1001

Dieses Buch wurde klimaneutral produziert. Wir unterstützen dafür das Waldschutzprojekt in April Salumei in Papua-Neuguinea, wo der, auch für das Klima so wichtige, Regenwald die Lebensgrundlage der indigenen Bevölkerung ist.

FSC
www.fsc.org
MIX
Aus verantwortungsvollen Quellen
FSC® C023577

Dieses Buch ist auf Papier gedruckt, für das nur Holz aus nachhaltiger Forstwirtschaft verwendet wurde.

Druck und Bindung: Polygraf
Printed in Slovakia

ISBN 978-3-96428-075-6
www.jacobystuart.de

uns ist die Zukunft nicht egal
SAVE THE EART
ZWISCHEN NATUR UND WIRTSCHAFT GEHÖRT
our future
There is No Planet B
KLIMASCHUTZ WEIL BAUM
Jetzt!
Teilhabe statt Ausgrenzu
Barriere freiheit